# Cambios en la tierra y en el cielo

Fabiola Sepulveda

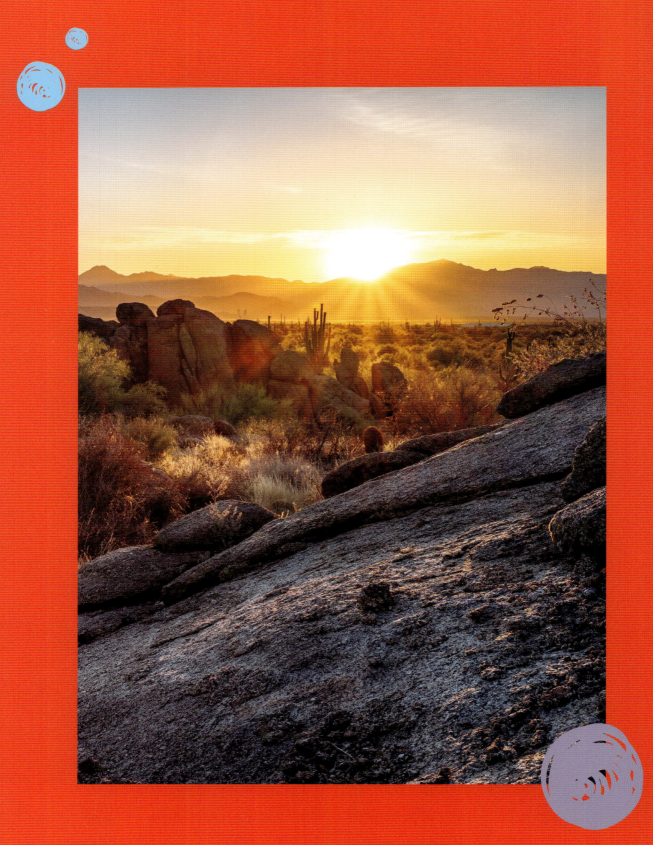

## Notas para los adultos

Este libro sin palabras ofrece una valiosa experiencia de lectura compartida a los niños que aún no saben leer palabras o que están empezando a aprender a leer. Los niños pueden mirar las páginas para obtener información a partir de lo que ven y también pueden sugerir textos posibles para contar la historia.

# Para ampliar esta experiencia de lectura, realice una o más de las siguientes actividades:

Dibujen algunos cambios que ocurren en la tierra y en el cielo, como el día y la noche.

Hablen sobre los cambios que ven en el libro: la erosión, las estaciones del año, las mareas, la lluvia y la evaporación, las fases de la luna, y la salida y la puesta del sol.

Salgan al aire libre y busquen cambios en el cielo o en la tierra. El movimiento de las nubes, el viento, el fluir del agua y la caída de las hojas, por ejemplo, son cosas que indican cambios.

Al mirar las imágenes y contar la historia, introduzca elementos de vocabulario, como las siguientes palabras y frases:

- erosión
- evaporación
- fase
- invierno
- luna
- marea
- media luna
- mojado
- otoño
- primavera
- puesta del sol
- salida del sol
- seco
- sol
- verano

Después de mirar las imágenes, vuelvan al libro una y otra vez. Volver a leer es una excelente herramienta para desarrollar destrezas de lectoescritura.

**Asesora**
Cynthia Malo, M.A.Ed.

**Créditos de publicación**
Rachelle Cracchiolo, M.S.Ed., *Editora comercial*
Emily R. Smith, M.A.Ed., *Vicepresidenta superior de desarrollo de contenido*
Véronique Bos, *Vicepresidenta de desarrollo creativo*
Dona Herweck Rice, *Gerenta general de contenido*
Caroline Gasca, M.S.Ed., *Gerenta general de contenido*

**Créditos de imágenes:** todas las imágenes cortesía de iStock y/o Shutterstock

**Library of Congress Cataloging-in-Publication Data**
Names: Sepulveda, Fabiola, author.
Title: Cambios en la tierra y en el cielo / Fabiola Sepulveda.
Other titles: Our changing earth and sky. Spanish
Description: Huntington Beach, CA : Teacher Created Materials, [2025] | Audience: Ages 3-9 | Summary: "Earth and the sky are constantly changing. Just look around-changes are everywhere!"-- Provided by publisher.
Identifiers: LCCN 2024022401 (print) | LCCN 2024022402 (ebook) | ISBN 9798765962008 (paperback) | ISBN 9798765966952 (ebook)
Subjects: LCSH: Earth sciences--Juvenile literature. | Erosion--Juvenile literature. | Weather--Juvenile literature. | Seasons--Juvenile literature. | Climatic changes--Juvenile literature.
Classification: LCC QE29 .S4618 2025  (print) | LCC QE29  (ebook) | DDC 550--dc23/eng/20240629

Se prohíbe la reproducción y la distribución de este libro por cualquier medio sin autorización escrita de la editorial.

---

5482 Argosy Avenue
Huntington Beach, CA 92649
www.tcmpub.com
ISBN 979-8-7659-6200-8
© 2025 Teacher Created Materials, Inc.
Printed by: 926. Printed in: Malaysia. PO#: PO13820